यह हिन्दी ग़ज़ल है

भारत के मन में झाँकने की एक पहल है।
माटी की यह सुगन्ध है, यह हिन्दी ग़ज़ल है।।

नन्दलाल पाठक

वाणी प्रकाशन
प्रकाशन के उत्कृष्टतम 60 वर्ष

सजिल्द प्रथम संस्करण : 2023

vaniprakashan.com

वाणी प्रकाशन
4695, 21-ए, दरियागंज, नयी दिल्ली 110 002
फ़ोन : +91 11 23273167, 23275710

शाखाएँ
अशोक राजपथ, पटना-800 004, बिहार
कॉफ़ी हाउस कैम्पस, महात्मा गांधी मार्ग, इलाहाबाद-211 001, उत्तर प्रदेश
महात्मा गांधी अन्तरराष्ट्रीय हिन्दी विश्वविद्यालय, वर्धा-442 001, महाराष्ट्र
36/ए, शेक्सपियर सरणी, रानी बिरला गर्ल्स कॉलेज के पास, कोलकाता-700 017, प. बंगाल

sales@vaniprakashan.in
vaniprakashan@gmail.com

Yah Hindi Ghazal Hai
by Nandlal Pathak

ISBN : 978-93-5775-172-8

Ghazal

मूल्य : ₹ 300

सिटी प्रेस, दिल्ली-110 095 में मुद्रित

वाणी प्रकाशन का लोगो मक़बूल फ़िदा हुसेन की कूची से

समर्पण

जनसेवाओं के लिए पद्मभूषण से सम्मानित
गरिमामयी राजश्री बिरला को

भूमिका

काव्य और संगीत का सुन्दर सहयोग है ग़ज़ल। अरबी-फ़ारसी से ग़ज़ल उर्दू में आयी। ग़ज़ल उर्दू में बहुत विकसित हुई। अपनी लोकप्रियता और उपयोगिता के बल पर ग़ज़ल हिन्दी कविता का अंग बनी। आज हिन्दी में ग़ज़ल लेखकों की भरमार है।

महाकाव्य लेखन का युग अब नहीं रहा। जनतन्त्र में इकाई का महत्त्व बढ़ गया है। समय कम है। अपनी बात थोड़े में कहकर आगे बढ़ जाना है। अब हर शेर का अपना महत्त्व है। एक ग़ज़ल में अनेक शेर होते हैं। सबका फ़ार्म एक होता है, किन्तु कथ्य भिन्न-भिन्न हो सकते हैं। इसे कहते हैं अनेकता में एकता। यह है विविधता में एकता। आज का युग ग़ज़ल के अनुरूप है और ग़ज़ल का विधान युग के अनुरूप।

भारत नवजागरण युग में प्रवेश कर चुका है। हम आत्मनिर्भर होने के पथ पर अग्रसर हो रहे हैं। उर्दू ग़ज़ल की तरह हिन्दी ग़ज़ल भी अब एक यथार्थ है। उर्दू ग़ज़ल की अधिकांश सामग्री विदेशी है। प्रतीक, संकेत, अन्त:कथाएँ सब कुछ बाहरी, हमसे अपरिचित। हिन्दी ग़ज़ल अब भारतीयता की अभिव्यक्ति कर रही है। परम्परा, प्रतीक, संकेत इत्यादि सब कुछ इस धरती की देन।

उर्दू एक महान भारतीय भाषा है। उर्दू की विशेषता है कि वह आसान होते ही हिन्दी हो जाती है। विदेशी व्याकरण से जकड़ी होने के कारण

उर्दू उर्दू है। हिन्दी लेखकों को ध्यान रखना है कि वे उर्दू के सारे प्रचलित शब्द अपना लें, पर उर्दू व्याकरण से बचें। जब कोई हिन्दी वाला अज्ञानवश 'हालात' को 'हालातों' तक ले जाता है तब वह हास्यास्पद हो जाता है। दुनिया की कोई भाषा किसी दूसरी भाषा का व्याकरण नहीं पचा सकती।

—नन्दलाल पाठक

अनुक्रम

जवानी जब है आती और बचपन छीन लेती है।
कोई सूरत उतरती मन में है, मन छीन लेती है।।

बिना खोए हुए पाना नहीं मुमकिन यहाँ कुछ भी
शरद आने से पहले हमसे सावन छीन लेती है।

बहुत ज़्यादा दिखावा आजकल आयोजनों में है।
चमक आयोजनों की अब प्रयोजन छीन लेती है।

भरी हो जेब तब भी दिन गुज़ारो कुछ फ़क़ीरी में
अमीरी आदमी का भीतरी धन छीन लेती है।

शहर की सभ्यता है लाद देती घर के ऊपर घर
ज़मीं से दूर कर देती है, आँगन छीन लेती है।

ये दुनिया कुछ नहीं घटनाओं का इक सिलसिला भर है।
नयी पीढ़ी गयी पीढ़ी का आसन छीन लेती है।

कोई जब कंस अत्याचार की हद पार करता है
समय की माँग तब राधा से मोहन छीन लेती है।

प्यास का वरदान दे मुझको है उस दानी की खोज।
फिर तो अपने आप कर लूँगा मैं ख़ुद पानी की खोज।।

आदमी को और सुविधा और सुविधा चाहिए।
उसकी मुश्किल है, उसे है और आसानी की खोज।

क़ाफ़िलेवालो मेरा है रास्ता तुमसे अलग
मैं हूँ शायर जिसको है अब राह अनजानी की खोज।

भूमि से आकाश तक फैला है कवि का राजपाट।
मन का वह राजा हूँ मैं जिसको नहीं रानी की खोज।

लिख दिया जो मन में आया, इसमें मेरा क्या कसूर?
आपको है मेरे शेरों में अगर मानी की खोज।

अक्ल का मारा हुआ मैं ढूँढ़ता हूँ बचपना।
आज भी रहती है मुझको मेरी नादानी की खोज।

जब से मैंने पढ़ लिए हैं ढाई आखर प्रेम के
अब नहीं दुनिया में है मुझको किसी ज्ञानी की खोज।

चैन से जीना नहीं है आदमी के बस की बात।
ज़िन्दगी भर उसको रहती है परेशानी की खोज।

साकी तुम्हारे राज में वह शाम आ सके।
मैं हाथ न फैलाऊँ मेरा जाम आ सके।।

दिन रात जो है बेच रहा अपना पसीना।
मज़दूर के हाथों में सही दाम आ सके।

कैकेयी परेशान है सन्तान की ख़ातिर
कोशिश में लगी है कि न फिर राम आ सके।

आदत है जिन्हें चीख़ने की भेड़िया आया
चिल्लाना कम करें तो कुछ आराम आ सके।

सूरज पै थूक या कि दे आकाश को गाली,
जो चाहता है सुर्ख़ियों में नाम आ सके।

भूले से भी हो जाय कोई भूल जो उनसे
चाहूँगा उसका मेरे सर इलज़ाम आ सके।

मेरे तो काम आयी नहीं मेरी ज़िन्दगी,
ले लो तुम्हीं शायद ये किसी काम आ सके।

आदमी हूँ मुझे ईश्वर चाहिए।
मन को उड़ना है, बस इसको पर चाहिए।

वह निराकार ऐसे तो दिखता नहीं
सब में देखूँ उसे वह नज़र चाहिए।

मैं बिना शीर्षक का लिखा लेख हूँ।
सिर्फ़ धड़ हूँ, मुझे मेरा सर चाहिए।

मरने के बाद मिलने से क्या फ़ायदा?
मेरे मन का निवासी इधर चाहिए।

कर चुका इसकी उसकी मैं आराधना
अब भरोसा मुझे एक पर चाहिए।

जितने मुँह उतनी बातें हैं उससे जुड़ी
उसके बारे में सच्ची ख़बर चाहिए।

क्या दिशा हो मेरी, कौन सी राह हो
आ गया वक़्त, अब राहबर चाहिए।

❀

यहाँ हर एक को है अपने अपने प्यार की चिन्ता।
कभी संसार ने की ही नहीं संसार की चिन्ता।।

हँसी आती है होठों तक मगर ज़्यादा नहीं टिकती,
बहा देती है उसको आँसुओं की धार की चिन्ता।

ये क्या जनतन्त्र है जो क़ैद है नेता की मुट्ठी में,
जिसे है देश से ज़्यादा कहीं परिवार की चिन्ता।

जिसे है बेचनी हर रात अपनी देह टुकड़ों में
सताती शाम से ही है उसे श्रृंगार की चिन्ता।

वो अपने मन की मालिक है, वो अपने तन की मालिक है
अहल्या आज की करती नहीं उद्धार की चिन्ता।

ये कुम्भनदास के वंशज, ये तुलसीदास के बेटे,
हृदय सम्राट् हैं ख़ुद, क्या इन्हें दरबार की चिन्ता।

नरक या स्वर्ग दोनों आदमी के कारनामे हैं,
यहीं मिल जायेंगे दोनों, न कर उस पार की चिन्ता।

जीवन उसका है, जो जीवन का होले, जीवन तक पहुँचे।
प्रियतम से मिलने को जैसे पागल गन्ध पवन तक पहुँचे।।

मन्दिर में जो भीड़ लगी है, उसमें सौदेबाज़ अधिक हैं।
कुछ ही जन पहुँचे दर्शन तक बाक़ी सब पाहन तक पहुँचे।

मेरा तो भगवान वही जो मेरे लिए धरा पर उतरे।
दशरथ के महलों से चलकर जसुदा के आँगन तक पहुँचे।

ऐसा कोई नहीं कि जिसके सब सपने पूरे हो जायें।
राह देखती रही राधिका, कृष्ण नहीं मधुबन तक पहुँचे।

दुनियाभर के परिचय से है भरी हुई डायरी तुम्हारी,
लेकिन ख़ुद से रहे अपरिचित, बहुत हुआ दर्पण तक पहुँचे।

मृगतृष्णा से मृगतृष्णा तक दौड़ लगाते जीवन बीता।
जैसे नेता उद्घाटन से निकले अभिनन्दन तक पहुँचे।

मुझे पता है तुम भी कल तक मेरे जैसे ही फ़क़ीर थे
बेच दिया तुमने ज़मीर जब, तब इस रंगभवन तक पहुँचे।

लिखा तुम्हारा तुम समझो या फिर समझे भगवान तुम्हारा,
कविता तो उसको कहते हैं, जो जनजन के मन तक पहुँचे।

बचपना है कर जाती लत है यह जवानी की।
चल रही जुगलबन्दी आग और पानी की।।

छा गये हैं विज्ञापन सच नज़र नहीं आता,
इन दिनों शिकायत है शिव से यह भवानी की।

कम से कम सड़क कोई मेरे नाम तो कर दो,
प्यास है अमरता की, खोज है निशानी की।

चीरहरण, हिंसा, रेप, लूटपाट कौरवकुल
ये सभी हैं तसवीरें आज भी कहानी की।

वक़्त आये जाने का, तो ख़ुशी ख़ुशी चल दो
उसको भी पड़ा जाना, जिसने आनाकानी की।

फ़क़ीरी भा गयी मन को, अमीरी मैं नकार आया।
मुकुट जो मुझको पहनाया गया था, वह उतार आया।।

जिसे हम आदमी कहते हैं वह बीमार है मन से
उसे धन का, कभी बल का, कभी पद का बुख़ार आया।

किसी को चाहिए दौलत किसी को चाहिए रुतबा,
मैं इन दोनों की दुनिया में भी थोड़े दिन गुज़ार आया।

अचानक अपनी नज़रों में मैं कितना उठ गया ऊपर,
जो नफ़रत मुझसे करता था, उसी पर मुझको प्यार आया।

मैं ख़ुश हूँ आदमी हूँ, भूल करने की इजाज़त है।
निमन्त्रण देवता बनने का यूँ तो बार बार आया।

अभी भी बुतपरस्ती से मेरा पीछा नहीं छूटा।
अभी भी देवता मन में है मैं नब्बे के पार आया।

सफ़र जीवन का है अनजान होगा।
पतन होगा कभी उत्थान होगा।।

मुझे भी साथ ले लो और देखो,
तुम्हारा रास्ता आसान होगा।

बहारें और पतझर दोनों सच हैं।
चमन के पार रेगिस्तान होगा।

उदासी के भी पल आते रहेंगे,
भरे मेलों में भी सुनसान होगा।

बहुत सम्मान जब पाने लगोगे,
कहीं तब कुछ न कुछ अपमान होगा।

मेरा प्रिय है निवासी मेरे मन का
नहीं मुझसा कोई धनवान होगा।

कभी तो दिल को आज़ादी मिलेगी
नहीं जब कोई भी अरमान होगा।

वतन से रूठकर जाओ कहीं भी,
तुम्हारे दिल में हिन्दुस्तान होगा।

ज़माने की नज़र पैनी बहुत है।
तुम्हारे नाम यह दीवान होगा।

आजकल सोचता रहता हूँ कि अब क्या सोचूँ?
किसी की याद में खो जाऊँ कि सबका सोचूँ।।

मेरी नज़रों में सिवा मेरे कोई और न था
चाहता हूँ कि अब हर आँख का सपना सोचूँ।

ज़िन्दगी भर जो बुरा सोचते आये मेरा,
कितना अच्छा हो कि अब उनका भी अच्छा सोचूँ।

सोचना ही है जब इन्सान के होने का सबूत।
तब तो आज़ाद हूँ, जो चाहे मन वैसा सोचूँ।

सोच रोटी की, तो कुछ इश्क़ की, कुछ दुनिया की—
इनसे फ़ुरसत मिले तो इनके अलावा सोचूँ।

कैसे तू आ मिला, नहीं मालूम।
अब क्यों माँगूँ दुआ, नहीं मालूम।।

वह जो रहता है मेरे दिल में, उसे—
अपने घर का पता नहीं मालूम।

अब नहीं मैं हूँ, तू ही तू है अब
कैसे यह सब हुआ, नहीं मालूम।

फ़ैसला उसका है मंज़ूर मुझे
क्या है मेरी ख़ता, नहीं मालूम।

इश्क़ है एक रोग मनचाहा
किन्तु इसकी दवा नहीं मालूम।

रात चोरी हुई मेरे दिल की
घर से क्या क्या गया, नहीं मालूम।

मर नहीं सकता जो किसी पर उसे—
जीने का क़ायदा नहीं मालूम।

हर कोई चाहता है प्यार मिले।
ज़िन्दगी को ज़रा निखार मिले।

ज़िन्दगी नाम है सम्बन्धों का,
जोड़ता चल जहाँ भी तार मिले।

सन्त अब भी हैं पर बहुत कम हैं
सन्त के वेश में हज़ार मिले।

और बढ़ जाता है सम्राट् का क़द
जब प्रजा से मुकुट उतार मिले।

चाह मिटती नहीं खिलौनों की
धन मिले, बँगला मिले, कार मिले।

आदतन होते हैं शिकारी जो
हर जगह खोजते शिकार मिले।

सीखना है हमें स्वागत करना
चाहे पतझर मिले, बहार मिले।

जेब में है बहार आ जाती
जब कभी अपने को पगार मिले।

ऐसे भी आदमी हुए जिनका
देवता करते इन्तज़ार मिले।

छिपा लेता मैं पीड़ा घाव यदि गहरा नहीं होता।
न होता आपका आँचल तो मैं रोया नहीं होता।।

जो चाहत एक दूजे के लिए नारी पुरुष में है,
वो पैदा ही नहीं होती, अगर पर्दा नहीं होता।

यहाँ मिल जाय जो कुछ बस समझ लो वह बहुत कुछ है।
हर इक सपना किसी इन्सान का पूरा नहीं होता।

खुली बाँहों में उसकी सारी दुनिया है सिमट आती
वो शायर है अकेला होके भी तनहा नहीं होता।

कभी है देव या दानव कभी साधू, कभी डाकू
सियासत में किसी का एक ही चेहरा नहीं होता।

जिस मन में कोई स्वप्न या अरमान नहीं है।
उस मन से बड़ा कोई भी वरदान नहीं है।।

ईमान है परमात्मा की दी हुई थाती
ईमान की खाना क़सम ईमान नहीं है।

इतने पतन के बाद तो उत्थान ही होगा,
शैतान भी सौ फ़ीसदी शैतान नहीं है।

मुस्कान है चेहरे पर ग़नीमत मनाइए
इस दौर में किस दिल में घमासान नहीं है।

आधार हैं, हम पैन हैं, हम कार्ड कोई हैं।
जीवन्त हमारी कोई पहचान नहीं है।

उलझन तेरी जुल्फों की है कुछ ऐसी समस्या
मिल पाया अभी जिसका समाधान नहीं है।

पश्चिम की हवाओं में इतना ज़हर भरा।
अभिमन्यु चक्रव्यूह में, क्लब में है उत्तरा।।

आयी समय की बाढ़ तो कीचड़ भी आ गया।
डर है फ़िसल न जाय हमारी परम्परा।

ठुकरा दिया था उर्वशी का जिसने निवेदन,
उस पार्थ के सर पर सवार है अब अप्सरा।

अख़बार में पढ़कर मुझे अचरज नहीं लगा,
नारी सुधार केन्द्र चलाती है मन्थरा।

सूखी है डाल, पेड़ का दिल है नहीं सूखा,
पतझर के बाद फिर यही होगा हरा भरा।

पाकर तुम्हें कुछ पाने की ख़्वाहिश नहीं होती।
कुछ और भी मिल जाय यह कोशिश नहीं होती।।

धन उगता है, धन की कहीं बारिश नहीं होती।
वह है धनी जिसकी कोई ख़्वाहिश नहीं होती।

कुदरत की है कारीगरी कुछ ऐसी लाजवाब।
फूलों पर अलग से कोई पालिश नहीं होती।

कोई यक़ीन करने को तैयार नहीं है—
नेता हैं वहाँ भी मगर साज़िश नहीं होती।

क्या चुस्त बदन पाया है देखो तो शेर ने
जंगल में किसी शेर की मालिश नहीं होती।

तलवार ही लिखती है कथा राजमुकुट की
बाज़ार में ताजों की नुमाइश नहीं होती।

कोयल बिना रियाज़ के करती है चमत्कार
सरगम नहीं होता, कोई बन्दिश नहीं होती।

देखी हैं मैंने ऐसी भी कुछ नर्गिसी आँखें।
नज़रों में जिनकी दूर तक नर्गिस नहीं होती।

भगवान जहाँ भेज दे जन्नत वहीं मेरी।
मेरी तरफ़ से कोई सिफ़ारिश नहीं होती।

ज़िन्दगी मजबूरियों का नाम है।
मुझसे ही मेरा छिड़ा संग्राम है।।

इतने अन्तर्द्वन्द्व, इतनी हलचलें।
सुबह है बीमार घायल शाम है।

बढ़ गयी है हर तरह की भूख-प्यास
आजकल ऐसी शिकायत आम है।

उसके दर्शन करने की है कामना
आदमी होकर भी जो निष्काम है।

हर तरफ़ पैगम्बरों की भीड़ है,
रोज़ ही मिलता नया पैग़ाम है।

रोटियों में है सियासत की महक
आज के माहौल का परिणाम है।

हद से बाहर दर्द जिसका जा चुका
अब तो केवल उसको ही आराम है।

कोई भी अब नहीं दिखता निडर है।
कहीं असली तो कोई नकली डर है।।

सभी के सामने अब है समस्या
कहीं दिल तो कहीं पर आयकर है।

सुबह होगी सुबह होकर रहेगी
अँधेरी रात का अन्तिम प्रहर है।

ज़माने भर की ख़बरें ले रहा है
स्वयं से आदमी अब बेख़बर है।

बनाई ख़ूब है मालिक ने दुनिया,
कहीं कुछ आदमी में ही क़सर है।

है कौन जो प्रेमी न हो या प्रेमिका न हो।
वह दिल नहीं दिल है जो किसी को दिया न हो।

हर हाथ किसी हाथ के है इन्तज़ार में
वह ग़ज़ल क्या हुई कि जिसमें काफ़िया न हो।

रुक जाओ भले, तुम, ये ज़माना न रुकेगा।
वह रास्ता नहीं है जो चलता हुआ न हो।

धरती बिना आकाश के सुन्दर नहीं लगती,
छायी हो घटा या भले छायी घटा न हो।

इस दौर में उस आदमी को है मेरा सलाम,
जिसका ज़मीर हो बचा, हर्गिज़ बिका न हो।

शैतान अभी तक नहीं कोई मिला जिसके—
दिल के किसी कोने में छिपा देवता न हो।

माना कि मेरे देश की औरत महान है,
ऐसा है कहाँ गाँव जहाँ मन्थरा न हो।

दुनिया की हर निगाह पर कवि की निगाह है।
शायर नहीं हो सकता जो कुछ सिरफिरा न हो।

लोग कहेंगे क्या? इन बातों पर लोगों का ध्यान बहुत है।
नज़र ठीक हो तो अब भी जीवन जीना आसान बहुत है।।

सब के भीतर एक चेतना है जो सच को सच कहती है।
भीतर की आवाज़ सुने जो, समझो उसको ज्ञान बहुत है।

जीवन की उलझनें बढ़ गयी हैं रास्ते नहीं हैं समतल।
वे कैसे चल पाते होंगे, जिनके सर अभिमान बहुत है।

एक दूसरे का दुख दूर न कर पायें हम, तो भी पथ पर—
मीठी मुस्कानों का कर लेना आदान-प्रदान बहुत है।

राजनीति ने कर डाला है वातावरण बहुत ज़हरीला,
ऐसे में अपने हिस्से का कर लेना विषपान बहुत है।

धन से हो कमज़ोर भले, आदमी विचारों से दुरुस्त हो—
मुझे देखकर हँसते गाते यह दुनिया हैरान बहुत है।

सिर्फ़ रोटी और कपड़ा ही नहीं घर चाहिए
हर कोई नौकर है अब नौकर को नौकर चाहिए।

घोलती रहती सियासत है हवाओं में ज़हर,
एक शंकर की जगह कितने ही शंकर चाहिए।

मन वचन की एकता ही है बनाती दिव्यता,
जैसी वाणी व्यक्त है वैसी ही भीतर चाहिए।

आपका यह हाल? क्यों सीखा नहीं इतिहास से?
खा गये जो वर्ष सत्तर उसका उत्तर चाहिए।

आपने कितना लिखा कितना किया काग़ज़ ख़राब
वक़्त की है माँग अब गागर में सागर चाहिए।

रास्ता सबसे है जुदा अपना।
साथ रखता हूँ मैं ख़ुदा अपना।।

फूल काँटों की मदद से मैंने
ख़ुद बनाया है रास्ता अपना।

शाम तक मैं जहाँ पहुँच जाऊँ,
बस वही है अता पता अपना।

भा गयी है मुझे फ़क़ीरी अब,
जिसका है और ही मज़ा अपना।

झुक सकूँ चरण में अकिंचन के,
इतना हो जाय क़द बड़ा अपना।

छाँह पायी विशाल बरगद की,
कितना छोटा सा घोंसला अपना।

कोई मेहमान आ के लौट न जाय,
द्वार रखता हूँ नित खुला अपना।

मौत आगे बढ़ाती रहती है,
ज़िन्दा रहने का सिलसिला अपना।

जब भी पाता मुझे अकेला है,
मिलने आता है देवता अपना।

ऐसी दुनिया में कोई कैसे रहे
अपना दिल ही नहीं जहाँ अपना।

आराम ही आराम तो वरदान नहीं है।
सुविधाएँ बहुत झेलना आसान नहीं है।।

अब काग़ज़ी फूलों ने है क्या रंग जमाया
जिनमें कोई ख़ुशबू नहीं है, जान नहीं है।

अब आदमी की जेब ही पहचान है उसकी
जो दिल का धनी है वो अब धनवान नहीं है।

बाहर से अधिक दूरियाँ भीतर से बढ़ी हैं
है कौन अपने घर में जो मेहमान नहीं है।

नम्बर हूँ मैं 'आधार' 'मोबाइल' का 'पैन' का
इनसे अलग मेरी कोई पहचान नहीं है।

भगवान करे ख़ूब बिकें मेरी किताबें
जिनमें है लिखा मैंने कि भगवान नहीं है।

राजपथ से कहो गाँवों की डगर तक पहुँचे।
तेरे घर, मेरे घर, हर एक के घर तक पहुँचे।।

सारा 'परसाद' उड़ा जाते हैं भीतर वाले।
माँग जनता की है थोड़ा तो इधर तक पहुँचे।।

मुर्दनी दूर हो, इस मुल्क में फिर जान आये,
अब कोई ऐसी दवा दो जो असर तक पहुँचे।

मीडिया वाले नमक-मिर्च के सौदागर हैं
कोई तो बच के मिलावट से ख़बर तक पहुँचे।

डूबतों को जो बचाते थे वही डूब रहे,
कोई तैराक तो देखो जो भँवर तक पहुँचे।

है यक़ीं मुझको, चमक जायेगी क़िस्मत मेरी
मेरी अर्ज़ी जो कभी उनकी नज़र तक पहुँचे।

ज़माने पर ज़माने का असर है।
कोई दिखता नहीं बिल्कुल निडर है।।

समस्याएँ सभी के सामने हैं।
कहीं दिल तो कहीं पर आयकर है।

नरक भी, स्वर्ग भी, दोनों यहीं हैं।
चुनेंगे आप क्या, यह आप पर है।

किसी ने भूमि पर सिर रख दिया है।
कोई सिर सातवें आकाश पर है।

सभी हैं कर रहे तुलना सभी से
सभी की जेब पर सबकी नज़र है।

मेरे उपवन में पंछी हैं भरे रंगीन पर वाले।
कई हैं बेसुरे पर ज़्यादातर हैं अच्छे स्वर वाले।।

अमीरों की नज़र में हैसियत क्या है ग़रीबों की।
समझते क्या बहूवालों को हैं शादी में वर वाले।

ग़रीबी में भी पुरखे थे सुखी, सन्तोष का धन था।
कभी पूछोगे तो बतलाएँगे लम्बी उमर वाले।

कभी मेहमान आ जाते हैं तो अब ऐसा लगता है।
तलाशी लेने जैसे आ गये हों आयकर वाले।

नरक में स्वर्ग में क्या चल रहा है, फ़र्क़ तो समझें,
इधर से जाते सब हैं पर नहीं आते उधर वाले।

मैंने कब चाहा मुझे मोती मिले, कंचन मिले?
कौन आज़ादी चुने, जब प्यार का बन्धन मिले?

होंठ पर मुस्कान हो, आँखों में आँसू आ सकें,
जो द्रवित हो दूसरों के वास्ते वह मन मिले।

जिनकी जेबें हैं भरी फिर भी हैं लालच के शिकार,
ऐसे भी धनवान देखे, मन से जो निर्धन मिले।

"देश सबका है सभी को लूटने का हक़ इसे।"
आचरण से अपने यह सन्देश देते जन मिले।

चाहता हूँ एक पल में जी सकूँ मैं एक युग
आपके कन्धों में रख दूँ शीश, ऐसा क्षण मिले।

हम चाहते हैं जैसी वह दुनिया नहीं मिली।
सपनों से बच निकलने की सुविधा नहीं मिली।।

मौत एक बार मौत का डर बार बार क्यों?
इस डर से कभी कोई सुरक्षा नहीं मिली।

हर शाम मुझे डूबता सूरज ही दिखा है,
उगता है जिसमें चाँद वह सन्ध्या नहीं मिली।

जो चाहते थे राम उनको राम मिल गये
माया की जितनी चाह थी, माया नहीं मिली।

मैं फूलता फलता रहा हूँ धूप के बल पर
मुझको किसी वटवृक्ष की छाया नहीं मिली।

आती रही है याद किसी की बुलाये बिन,
चाहा जो भूल जाना, सफलता नहीं मिली।

मन है निर्वाण मन ही बन्धन है।
कामिनी, कीर्ति और कंचन है।।

कामनाओं का एक कुंज है मन,
और सपनों का एक उपवन है।

मन त्रिविध पवन की छुअन है तो
मन ही पागल, प्रबल प्रभंजन है।

चाँद सूरज को जगह मिलती है
मन का इतना विशाल आँगन है।

मन घृणा-द्वेष का है मलवा तो
देवता का पवित्र आसन है।

सुर असुर नर हैं मन के दास सभी
सिन्धु मन्थन भी मन का मन्थन है।

मन के पैरों तले हैं, तीनों लोक
मन भले देखने में वामन है।

मन को है शौक़ धोखा खाने का
हथकड़ी को समझता कंगन है।

मन है फैला अवध से लंका तक
सुबह है राम, शाम रावण है।

जिसने भी अपने मन को जीत लिया
व्यर्थ उसके लिए प्रलोभन है।

ख़त्म होने को क्यों नहीं आती
मेरे मन से मेरी जो अनबन है।

मन कभी एक क्यों नहीं रहता
हर घड़ी चल रहा विभाजन है।

घर से बाहर जब आदमी निकले।
जैसे झुकती हुई नदी निकले।।

नागरिक हैं, नगर में रहते हैं
हमसे अच्छे तो जंगली निकले।

अब सियासत को दो साबुन पानी
कुछ तो दुनिया से गन्दगी निकले।

शत्रुओं को भी दी शरण हमने
विश्व में ऐसे बस हमीं निकले।

फलसफ़ा मेरा ही ग़लत था कहीं,
जितने दीवाने थे, सही निकले।

काम ही है विरोधियों का यह
ढूँढ़ते हैं कोई कमी निकले।

प्रश्न इतने हैं कि हर प्रश्न का उत्तर न मिला।
मन बहुत चाहता था उड़ना मगर पर न मिला।।

अच्छे इन्सान में भगवान में अन्तर न मिला।
जान जिसमें न सके डाल वो पत्थर न मिला।

सारी दुनिया में उसे ढूँढ़ते रह जाओगे
उसको बाहर न मिलेगा, जिसे भीतर न मिला।

ज़िन्दगी भर मेरे मालिक ने दी छाया मुझको,
उसके जैसा कोई रक्षक कोई चाकर न मिला।

पत्थरों से नहीं, घर बनते हैं सम्बन्धों से
ऐसे भी लोग हैं महलों में, जिन्हें घर न मिला?

भूख कोई भी हमेशा के लिए मिटती नहीं,
जिससे भर जाय जी, वह सुख कभी जीभर न मिला।

ऐसी भी नदियाँ हैं खो जाती हैं जो नदियों में
जिससे मिलने को थीं निकलीं, उन्हें सागर न मिला।

कितनी नदियों ने दिया सिन्धु को मीठा पानी
जिसका पानी न हो खारा कोई सागर न मिला।

उसको सम्मान दो जो है मिला जीवन साथी,
सबको मनचाही वधू चाहा हुआ वर न मिला।

वही ज़रूरत में काम आता है आदमी का है यार पैसा।
क़रार देता है यह कभी तो, है छीन लेता क़रार पैसा।।

उजाड़ जीवन में लेके आता है जैसी चाहो बहार पैसा
मगर वही बोझ बन गया है जहाँ हुआ बेशुमार पैसा।

जहाँ पहुँचता है जेब में रूप को है देता निखार पैसा।
लगेगी ठोकर ज़रूर कोई हुआ जो सर पर सवार पैसा।

नहीं है पैसा तो है समस्या अधिक है तो और भी समस्या
शिकार करता है आदमी का है आदमी का शिकार पैसा।

हज़ार राहें हैं इसके आने की और जाने की लाख राहें,
समाधि पर धन बरस रहा है, कमा रहा है मज़ार पैसा।

अलग अलग जातियाँ हैं पैसे की, कोई काला, सफ़ेद कोई
वो जो पसीने की है कमाई वो सबसे है शानदार पैसा।

समाज को जोड़ता है पैसा सभी हैं मालिक या दास इसके,
विचार पर छा गया है ऐसे कि जैसे ख़ुद हो विचार पैसा।

चुप तो हैं किन्तु बेज़ुबान नहीं।
मौन अपने में क्या बयान नहीं?

किसकी आँखों में हैं नहीं सपने?
किसके सीने में घमासान नहीं?

छत सभी को भले नहीं हो मिली,
कौन है जिसका आसमान नहीं?

चाहता मैं नहीं सौदेबाज़ी।
दिल है मन्दिर कोई दुकान नहीं।

हुस्न वाले हैं बढ़ के एक से एक,
कोई भी आपके समान नहीं।

भर गये घाव, वक़्त का हो भला
दिल पर अब कोई भी निशान नहीं।

मुझको औरों से था बड़ा बनना
इसलिए बन सका महान नहीं।

राजनीति निर्मम होती है।
तिकड़म ही तिकड़म होती है।।

बिगड़ी बन जाया करती है,
मुट्ठी जहाँ गरम होती है।

जो इज़्ज़त पाने के भूखे
उनकी इज़्ज़त कम होती है।

उस नारी को देवी समझो
जिसमें लाज शरम होती है।

आसमान का दिल पिघले तो,
बारिश बेमौसम होती है।

मेरा गाँव भले पिछड़ा हो,
घास वहाँ रेशम होती है।

जितना चाँद दिखे काफ़ी है,
रोज़ कहाँ पूनम होती है?

चाहे जितनी भी लम्बी हो
यात्रा क़दम क़दम होती है।

मेरी जगह वहीं है सचमुच
लाइन जहाँ ख़तम होती है।

मेरा बयान गूँगे का जैसे बयान है।
कुछ ज्ञान नहीं मुझको, मुझे इसका ज्ञान है।।

जब रोज़ यहाँ देना हमें इम्तहान है,
ऐसे में सफल होना न होना समान है।

यह मेरी गली है मेरे घर आइयेगा आप
दरवाज़ा नहीं जिसमें वह मेरा मकान है।

जिसको भी देखिये बना है तीस्मार ख़ाँ।
जो कुछ भी नहीं है, वही असली महान है।

बेताज बादशाह है वह सबके दिलों का,
क़िस्मत है उसकी, क्या मिली मीठी ज़बान है।

मन्दिर के आसपास बहुत लेनदेन है।
परमात्मा के घर में लगा ली दुकान है।

भगवान से रिश्ता मेरा क्या है न पूछिए,
भगवान मेरे मन की ही ऊँची उड़ान है।

मन है मित्र, शत्रु भी मन है, बदहाली भी, ख़ुशहाली भी।
बुद्धि मना करती रहती है, हो जाती है मनवाली भी।।

भीड़ भाड़ से ऊबे मन को भला अकेलापन लगता है।
वही अकेलापन लगने लगता है फिर ख़ाली-ख़ाली भी।

मन है शान्त सरोवर का तट, मन है युद्ध महाभारत का।
मन है देश-काल का स्वामी, मन तुलसी की अर्धाली भी।

बच्चे और ग़रीबी हों घर में मौसम हो त्योहारों का
मन को अँधियारे से भर देती है जगमग दीवाली भी।

जब लौटना नहीं सम्भव था, जो होना था, वही हो गया।
मन के पाँच भाग कर डाले अपने हाथों पांचाली ने।

दुनिया भरी मेनका, रंभा और उर्वशी से है फिर भी—
मन को बाँध लिया करती है सरल भाव से घरवाली भी।

पकी फ़सल जब खड़ी खेत में थोड़ी पीली पड़ जाती है
उसकी गरिमा को छू पायी कभी न बीती हरियाली भी।

प्रश्न जो अब तक दबे थे उनके उत्तर चाहिए।
अब न कन्यादान होगा अब स्वयंवर चाहिए।।

आप महलों में भले रहते हों यह काफ़ी नहीं।
आदमी को तो किसी के दिल में भी घर चाहिए।

बोझ सपनों का, फिर उनके सच न हो पाने का डर,
यह समस्या है सभी की, सबको ईश्वर चाहिए।

आदमी करता है रचना अपने रचनाकार की
जान भी है डाल देता, सिर्फ़ पत्थर चाहिए।

ज़िन्दगी है नाम सम्बन्धों का, कुछ तो हो मिठास।
इसलिए व्यवहार में भी थोड़ी शक्कर चाहिए।

हार भी होती है जीवन के जुए के खेल में
फ़ैसला स्वीकार करने का मुक़द्दर चाहिए।

चाहता माली है वासन्ती पवन पर बात हो,
पर विरोधी दल को चर्चा में बवण्डर चाहिए।

मुझको धारा से न तूफ़ान से डर लगता है।
नाव जर्जर है, इस जलयान से डर लगता है।।

कितनी ऊँचाई से टूटा है चमकता तारा।
वह किसी का भी हो अभिमान से डर लगता है।

बस गया दिल में तो दिल से नहीं बाहर निकला
मुझको ज़िद पर अड़े मेहमान से डर लगता है।

कुछ हसीनों से है अब अगले जनम का वादा,
इसलिए मुक्ति से, निर्वाण से डर लगता है।

तुम भी अब साथ न दे पाने को मजबूर हो तो,
सामने आ रहे सुनसान से डर लगता है।

कारख़ाने हैं लगे चारों तरफ़ ग़ज़लों के
थोक में छप रहे दीवान से डर लगता है।

उसने जो चाय पिलाई थी गला काट गयी
उसके भेजे हुए पकवान से डर लगता है।

काम, क्रोध, मद, लोभ, ईर्ष्या, अहंकार का मन संगम है।
इस मौलिकता से मानव मन मुक्त हो सके–आशा कम है।

प्रकृति नहीं चाहती कि उसकी पकड़ कहीं से भी ढीली हो।
युग युग से मानव मन पर उसका कठोर शासन कायम है।

फिर भी योगी और तपस्वी और सिद्ध ऐसे निकले हैं।
मन के संघर्षों पर जिनकी विजय अलौकिक है, अनुपम है।

सुन्दरता पर मन की फिसलन से बचना है कठिन साधना,
फिर भी कितने ही वीरों ने दिखलाया अद्भुत संयम है।

नारद विश्वामित्र सरीखे कूद पड़े जिस मोहकुण्ड में,
उससे बच पाना अर्जुन जैसे मानव का बड़ा क़दम है।

वह दिल नहीं दिल है जो किसी को दिया न हो।
वह क्या ग़ज़ल हुई कि जिसमें काफ़िया न हो।।

यह दुनिया भरी दोस्तों से, दुश्मनों से है
है कौन, किसी से जिसे कोई गिला न हो।

औरों की भलाई में लगा कौन है ऐसा,
करता हो हवन, हाथ नहीं जिसका जला हो।

मैंने नहीं पाया है कोई नास्तिक इतना
संकट में नाम राम का जिसने लिया न हो।

भगवान का असली पता है आदमी का दिल
मरघट है वो दिल जिसमें कोई भी बसा न हो।

आनन्द मुझे आता है छूकर चरण उसके
ख़ुद की निगाह में जो कभी भी गिरा न हो।

आगे बढ़ा, ऊपर उठा, जो भी सफल हुआ,
है क्या कोई जिसकी हुई आलोचना न हो।

यह न मेरा है या न तेरा है।
एक मालिक का सब बसेरा है।

बन्द आँखें हैं रात के जैसी
खुल गयी आँख तो सबेरा है।

जिसने जीवन दिया, सुरक्षा में—
उसकी बाँहों का बना घेरा है।

दुख दिये इतने ताकि जान सकूँ
कितना आनन्द सब बिखेरा है।

ऐसा लगता है उस चितेरे ने
चित्र में ख़ुद को ही उकेरा है।

ज़िन्दगी क्या है आना जाना है
लग रहा लगातार फेरा है।

उसकी लीला ने दिल को लूट लिया
कितना प्यारा मिला लुटेरा है।

हुआ करती हैं जैसे दिल की बातें अपने यारों से,
कोई चुपचाप बातें मुझसे करता है इशारों से।

किया आराध्य का श्रृंगार है मैंने विचारों से।
मेरा भगवान लेता रूप है मेरी पुकारों से।

चुनौती जो दिया करती थी तूफ़ानों को वह नौका,
गिराकर पाल अब है चल रही सटकर किनारों से।

ये सच है दोस्ती है आज मेरी घोर पतझर से,
कभी अठखेलियाँ भी कर चुका हूँ मैं बहारों से।

मैं ख़ुद ही फेर लूँगा मुँह, चुराओ मुझसे मत आँखें,
हुआ करता था मेरा भी कभी स्वागत हज़ारों से।

ये माना आज की दुनिया से दूरी बढ़ गयी मेरी,
मगर नज़दीकियाँ हैं बढ़ गयीं मेरी सितारों से।

युग समानता का है इससे जन जन में अभिमान बहुत है।
हर कोई ज्ञानी बन बैठा फैल गया अज्ञान बहुत है।।

पढ़े लिखे लोगों की कमी नहीं जो चाट गये ग्रन्थों को।
जो अपनी कमियों से परिचित हो, समझो विद्वान बहुत है।

मैंने देखा एक भिखारी भीख दे रहा था दूजे को
जिसका हृदय बड़ा हो, निर्धन होकर भी धनवान बहुत है।

मरहम है भगवान ज़रूरत इसकी सबको ही पड़ती है
मन है श्रद्धावान अगर तो कोई भी भगवान बहुत है।

रिश्वतखोरों को भी ऊपर तक रिश्वत देनी पड़ती है।
शेरों के मुँह से भी छिन जाना शिकार आसान बहुत है।

सबसे बड़ा मनोरंजन है, ख़ुद अपने ऊपर हँस पाना
अपनी कथनी में करनी में हँसने का सामान बहुत है।

मन में आता है कि कुछ कर जाऊँ।
बन के ख़ुशबू बिखर बिखर जाऊँ।।

सारी बौछार वक़्त की सह लूँ,
गर्द धुल जाय तो निखर जाऊँ।

बिक गये जिसमें ख़रीदार सभी,
बच के बाज़ार से गुज़र जाऊँ।

कोई तो अन्त हो भटकने का,
हो गयी शाम, अब तो घर जाऊँ।

मन में तसवीर कोई तो होगी?
पूछते सब हैं, क्या मुकर जाऊँ?

रोशनी मेरे इन्तज़ार में है
होने वाली है अब सहर, जाऊँ?

ज़िन्दगी तेरा भी जवाब नहीं,
मन में आता है तुझ पै मर जाऊँ।

उलझते जा रहे अब सारे रिश्ते और सब बन्धन।
नहीं पूरी तरह मिलता किसी से अब किसी का मन।।

परस्पर मित्रता हो मेरे मित्रों में नहीं सम्भव,
ज़रूरी भी नहीं आपस में दुश्मन हों मेरे दुश्मन।

नहीं अब राम, लक्ष्मण या भरत जैसे रहे भाई
महाभारत का रुख करने लगी है अब की रामायण।

बहुत भोली हुआ करती थी लैला उस ज़माने की।
नयी लैला चुराकर ले गयी मजनूं का सारा धन।

भले संकट में थी, पर थी सुरक्षित द्रौपदी, अब तो—
सड़क पर झुण्ड बाँधे घूमते हैं कितने दुःशासन।

मन क्या मिला अरमानों का गोदाम मिला है।
कोई भी आदमी नहीं निष्काम मिला है।।

हर दर्द ज़रूरत से बड़ा दीख रहा था
जब दर्द को अपना लिया आराम मिला है।

जीवन्त हुआ है उसी इन्सान का जीवन
हर एक क़दम पर जिसे संग्राम मिला है।

दरवाज़ा मैंने दिल का हमेशा खुला रक्खा,
भगवान मेरा मुझसे सुबह-शाम मिला है।

दिल से बड़ा होता ही नहीं कोई भी मन्दिर
जब ध्यान से देखा, वहीं हर धाम मिला है।

इतनी बड़ी दुनिया में मुझे जानता ही कौन?
जब तेरे नाम से जुड़ा तब नाम मिला है।

कुछ हैं चिन्ताएँ तो कुछ चिन्तन है।
कुल मिलाकर यही मानव मन है।।

स्वर्ग भी, नरक भी है मन अपना
मेरे भीतर ही मेरा नन्दन है।

देव दानव यहीं से उपजे हैं,
दूर तक आदमी का आँगन है।

हर कोई है शिकार माया का
हथकड़ी को समझता कंगन है।

कितने निर्धन हैं धन—
कामिनी, कीर्ति और कंचन है।

मेरी कुटिया में है किवाड़ नहीं
आइएगा, खुला निमन्त्रण है।

शब्द अंगार की तरह हैं कभी
उनकी तासीर कभी चन्दन है।

ज़िन्दगी जीने का मज़ा है यही
कभी गायन तो कभी रोदन है।

जिसने जीवन में दुख नहीं जाना
आदमी वह बहुत अकिंचन है।

ज़िन्दगी का भी दान होता रहे,
वरना जीने का क्या प्रयोजन है।

मानव कितना डरा डरा है?
उसको मानव से ख़तरा है।

खोज खरे की अब है मुश्किल
जो कम खोटा वही खरा है।

मुस्कानों ने ढक रक्खा है
भीतर कितना ज़हर भरा है।

संसद में पहुँचा अपराधी
जैसे डूबा शव उभरा है।

हम कुछ हैं दीखते और कुछ
सत्य यहाँ बेमौत मरा है।

जैसा है वैसा अपना ले,
यह जग कभी नहीं सुधरा है।

सूरज को ढक नहीं सकेगा
मानो बहुत घना कुहरा है।

फूट पड़ेगा पाप अचानक
भरता घट क़तरा क़तरा है।

प्यार तो अन्धा था पहले से
अब तो बिल्कुल ही बहरा है।

तेरा आँचल छू लेने को,
आँसू पलकों पर ठहरा है।

बसते हैं भगवान उसी में
जो दिल साफ़ और सुथरा है।

उसका नशा नहीं उतरेगा
सन्तों ने दी जो मदिरा है।

होठों पर बेरोक ठहाके
सचमुच घाव बहुत गहरा है।

रास्ता सबसे है ज़ुदा अपना।
साथ रखता हूँ मैं ख़ुदा अपना।।

फूल काँटों की मदद से मैंने,
ख़ुद बनाया है रास्ता अपना।

दे न दे कोई, हो भला सबका
सोचना है फ़क़ीर का अपना।

मुझको कोई करेगा क्या बेघर
घर तो है पीठ पर लदा अपना।

कौन उम्मीद करे औरों से?
अपना दिल भी नहीं जहाँ अपना।

शाम तक मैं जहाँ पहुँच जाऊँ।
बस वही है अता पता अपना।

यहीं आदि है, यहीं अन्त है, कहीं नहीं आना जाना है।
देन इसी मिट्टी की हैं हम, इस मिट्टी में मिल जाना है।।

दुनिया है वह रंगमंच जिसका कोई नेपथ्य नहीं है।
खुला खेल फ़र्रुखाबादी हँसना, रोना है, गाना है।

नरक स्वर्ग सब शब्दजाल हैं, ख़ुराफात यह मानव मन की।
इनमें एक डराने को है एक शब्द से ललचाना है।

जीवन की एक ही सफलता है जीवन जीना मनचाहा,
दीपशिखा पर मर मिटने में जीवन पाता परवाना है।

सुख दुख में कुछ भेद नहीं है, दोनों ही 'भोगे' जाते हैं।
हर जीवन में कुछ कुछ इतराना है, कुछ कुछ पछताना है।

कोई नहीं विकल्प ज़िन्दगी का, हर हालत में जीना है।
चुन लो, देशकाल में फैला जीवन का ताना बाना है।

❁

चेहरे के ऊपर चेहरा है।
मुस्कानों में ज़हर भरा है।।

जब खोटे ही बहुसंख्यक हों,
जो कम खोटा वही खरा है।

इसे सभ्य होना कहते हैं
हर व्यक्तित्व आज दुहरा है।

राजनीति हावी चौतरफ़ा
नैतिकता का भाव गिरा है।

नेता को देखो, बाहर से
कितना साफ़ और सुथरा है।

बादल का है काम गरजना
सब सुनती चुपचाप धरा है।

छेड़ो मत झील की सतह को
अभी अभी चन्दा उतरा है।

तुमने मुझे जहाँ छोड़ा था,
जीवन अभी वहीं ठहरा है।

भूमि को आसमान क्या जाने?
वह है कितनी महान क्या जाने।

नभ को चक्कर नहीं लगाना है
वह धरा की थकान क्या जाने।

मौन धरती ने है सहा कितना।
गरजता आसमान क्या जाने।

जो मुँडेरों से है बँधा पंछी
बाज की वह उड़ान क्या जाने।

प्यार अन्धा है और बहरा भी
अक्ल की वह ज़ुबान क्या जाने।

सन्त का हो मिला स्वभाव जिसे
भीतरी खींचतान क्या जाने।

कैसा मौसम है देखना होगा
देगा नेता बयान क्या जाने।

पाने से अधिक देने की यदि चाह का बल है,
संसार में उस आदमी का जीना सफल है।।

इन्सान ने सबसे अधिक ख़ुद से किया छल है।
प्रश्नों से जो भागा नहीं उसको मिला हल है।

कीचड़ में उग सके वही कहलाता कमल है,
उतना ही वह महान है जो जितना सरल है।

इस बात का महत्त्व है रहता है उसमें कौन
कुछ फ़र्क़ नहीं पड़ता कि कुटिया है, महल है।

देखी जब ऐसी आँख तो झुककर किया सलाम
जो दूसरों के दर्द से हो जाती सजल है।

कोई त्योहार हो सद्भाव से ख़ाली नहीं होता।
चिरागों का कोई भी मेला दीवाली नहीं होता।।

ज़माने को दिशा तो भीतरी ताक़त से मिलती है।
भुजा की शक्ति भर से कोई बलशाली नहीं होता।

बहुत से पेड़ पौधे अपने बल पर सर उठाते हैं,
वहाँ देखी है हरियाली जहाँ माली नहीं होता।

हमारे गाँव में तो गालियाँ भी गायी जाती हैं।
भरा हो प्यार जिसमें, शब्द वह गाली नहीं होता।

कला में, नृत्य में, संगीत में रुचि चाहिए गहरी,
कोई मछली के सेवन भर से बंगाली नहीं होता।

हमारा सन्त तो दिल जीतने परदेस जाता है।
वो नादिरशाह, अहमदशाह अब्दाली नहीं होता।

सड़क यह तो बस जायेगी उस महल तक।
हमारा सफ़र है ग़ज़ल से ग़ज़ल तक।।

जिन्हें साधना के मज़े मिल चुके हैं,
लुटा देते हैं साधना का वे फल तक।

अमृत बाँटने का इरादा है जिनका।
वे पीते रहे हैं ख़ुशी से गरल तक।

नहीं उनको कीचड़ की परवाह कोई
पहुँचना जिन्हें ताल में है कमल तक।

समस्या से डर कर जो भागा नहीं है,
उसी को है अधिकार पहुँचे वो हल तक।

व्यवस्था नयी हमने तो रोप दी है,
समय दीजिए इसको पहुँचे फ़सल तक।

हर इक आदमी में छिपा देवता है,
जो दुश्मन हैं बन सकते हैं मित्र कल तक।

समझौते सौ बार किये हैं जीवनभर उत्थान पतन से।
आधे मन से पाप किया है, पुण्य किया है आधे मन से।

खेद मुझे है उन भूलों पर जिन्हें सुधारा जा सकता था।
दुनिया को चाहिए क्षमा कर दे जो भूल हुई यौवन से।

कभी गरजना, कभी बरसना, आसमान का काम यही है।
ज्वालामुखी छिपाये मन में धरती है मजबूर गगन से।

जीवन है भोजन जीवन का, यही प्रकृति की सच्चाई है,
मानव के शोषण में मानव लगा हुआ है तन मन धन से।

हर कोई है बड़ा हर किसी से, जनसत्ता का यह सच है
कितने ही मन ठंडक पाते रहते हैं ईर्ष्या-जलन से।

दूरदर्शन की जंग जारी है।
यह तिवारी है वह बुख़ारी है।।

कब से दोनों उगल रहे हैं ज़हर
दर्शकों पर ये वक़्त भारी है।

रूप विकराल होता जाता है।
सर पै शैतान की सवारी है।।

थक गया एक गालियाँ बककर
और अब दूसरे की बारी है।

यह है अधिकार हमारा मौलिक
गालियाँ हैं कि मारामारी है।

उँगलियों पर नचा रहा उनको
ऐंकर बन गया मदारी है।

जिसको जनतन्त्र कहा जाता है
एक दवा है, जो महामारी है।

हमको अभिव्यक्ति की है आज़ादी
जीभ अब आरी है, कटारी है।

माना जनतन्त्र का जवाब नहीं
यह व्यवस्था स्वयं से हारी है।

कभी वह जुर्म की दुनिया में था अब वह सदन में है।
वो सिक्का है भले खोटा, मगर काफ़ी चलन में है।।

हमारे बाप दादों ने किया आज़ाद भारत को,
मगर सन्तान उनकी देशघाती है, पतन में है।

पुकारा जब भी है भगवान को वह मेरी सुनता है
वो मेरी आस्था में, मेरी श्रद्धा में, नमन से है।

उसे देखा है मैंने व्यस्त खेतों, कारख़ानों में
मैं कैसे मान लूँ मालिक छिपा बैठा गगन में है।

सभी सबसे खफ़ा हैं, प्यार करते हैं सभी सबको
कहाँ ज़िन्दादिली ऐसी है, जो अपने वतन में है।

भले खारे हों आँसू, देन हैं वे मीठी यादों के,
कभी हीरा, कभी मोती, कभी शबनम नयन में है।

विरह हो या मिलन दोनों बहुत कुछ एक जैसे हैं।
वियोगी को बहुत प्यारी है ठंडक, जो जलन में है।

मन अमृत है, मन ज़हर है।
मन किनारा है, भँवर है।।

मित्र भी है, शत्रु भी है—
मन मेरा मुझको ख़बर है।

मन है घर शैतान का,
बस वहीं बसता ईश्वर है।

कुछ नहीं मन का ठिकाना,
कब इधर है, कब उधर है।

कभी है जीवन्त हलचल,
तो कभी मन खँडहर है।

महाभारत हो चुका, मन का—
महाभारत अमर है।

लाख समझाओ, मगर—
मन में मचा रहता ग़दर है।

जिसका मन विकसित नहीं
कितना सुखी वह जानवर है।

हो न 'मनमानी' हमेशा
यही जीने का हुनर है।

जीवन मिला है जीने की अब प्यास चाहिए।
अब कल्पना के पंख को आकाश चाहिए।।

धरती से जुड़े रहने का जो ढंग सिखाए
आँगन में मेरे थोड़ी हरी घास चाहिए।

यह कूकती कोयल ये चहकती हुई बुलबुल—
सब दूर दूर क्यों हैं मेरे पास चाहिए।

इतना विराट दृश्य नहीं यूँ ही चल रहा।
नेपथ्य में भी है कोई—विश्वास चाहिए।

फूलों में झलक दे रहा उद्यान का माली।
माली से मुलाक़ात का उल्लास चाहिए।

अनश्वर हूँ अनश्वर सिर्फ़ नश्वर आवरण में हूँ।
मेरा परमात्मा मुझमें है मैं जिसकी शरण में हूँ।।

मेरे अस्तित्व का विस्तार है संसार यह सारा,
हवा, पानी हूँ, मिट्टी हूँ अखिल वातावरण में हूँ।

नये कपड़े पहनने की मेरी आदत पुरानी है।
अमरता साथ हो लेती है जब पहुँचा मरण में हूँ।

निशानी मंच पर अपनी नहीं मैं छोड़ता कोई
नया हूँ सामने बीता हुआ सब विस्मरण में हूँ।

प्रलय हो या सृजन ये देखने के ढंग हैं केवल
न मेरा आदि है कोई न मैं अन्तिम चरण में हूँ।

सभ्यता जैसे जैसे है आगे बढ़ी।
बढ़ गयी सारी दुनिया में धोखाधड़ी।।

बुद्धिवालों की है बुद्धि मारी गयी,
दिल की दुनिया में संकट की है यह घड़ी।

कौन परवाह करता है औरों की अब?
आजकल हर किसी को है अपनी पड़ी।

कुछ को लगता है, जो हो रहा ठीक है,
कुछ हैं चिल्ला रहे गड़बड़ी गड़बड़ी।

खा गये सब मलाई जो कल थे यहाँ,
दे गये हमको खाने को बासी कढ़ी।

लूट पर रोक से हैं लुटेरे दुखी,
उनकी है बढ़ गयी और भी हड़बड़ी।

कितने कमज़ोर हैं कितने कायर हैं हम।
एक बूढ़ा था वीरों की अन्तिम कड़ी?

एक घटना नयी हो गयी।
उम्र अब मुद्दई हो गयी।

बन्द होने लगीं खिड़कियाँ
हर दिशा निर्दयी हो गयी।

शक्ल मेरी न मेरी रही,
अब किसी और की हो गयी।

प्यार किसको किया, कब किया—
बात आयी गयी हो गयी।

मुन्तज़िर तो किसी का न मैं
चाय क्यों ठंडई हो गयी।

सिन्धु ने जिसको आवाज़ दी
ज़िन्दगी वह नदी हो गयी।